미니 논술

❷ 문제해결형 논술

서사원주니어

나만의 비법을 알려 주는 글쓰기

얘들아, 안녕?

나는 어린이와 매일 글을 읽고 쓰는 오현선 선생님이야.

선생님은 어린이들이 글쓰기를 통해 자기 자신을 발견하고

또 세상을 넓게 보는 일을 도와주고 있어.

그런데 글쓰기는 머릿속에 실타래처럼 엉킨 생각을

언어로 잘 풀어 내야 하는 복잡한 일이지.

그러다 보니 친구들이 항상 '어떻게 써요?', '무엇을 써요?'라고 묻고는 해.

그럴 때마다 선생님은 어린이들이 글을 잘 쓰도록 도와주는데,

그 중 한 가지 방법은 바로! '자기만의 비법, 노하우'를 쓰는 거야.

우리는 살다 보면 누구나 어떤 문제 상황을 마주하게 돼.

그리고 그 문제를 해결하기 위해 노력하지.

고민하고 또 고민하다 보면 어느새 문제를 해결할 방법이 떠올라.

그 방법을 적용하다 보면 시행착오도 겪으면서

나만의 멋진 문제 해결 방법을 발견하게 돼.

그래서 그 내용을 글로 써 보자고 하면,
'저는 저만의 방법이 없어요.', '잘 해결해 본 적이 없어요.'라고
말하던 친구들도 어느새 술술 써 내려가곤 해.
사실 우리는 아주 어릴 때부터 일상에서 여러 가지 문제 상황을 마주하기
때문에, 나만의 문제 해결 노하우가 없을 수는 없어.
그걸 발견하고 글을 쓴다면 누구나 글을 잘 쓸 수 있지.
이 책에는 너희들이 잘 쓸 수 있는,
초등학생이라면 누구나 한 번쯤 고민해 보았을 주제들이 담겨 있어.
책장을 넘기면서 '아, 이건 나도 해 보았어!' 하는 것이 있으면
망설이지 말고 연필을 들고 써 내려가 보길 바라.
자신도 모르는 사이 글이 술술 나올 거야.
이 책의 놀라운 점이 한 가지 더 있어.
나만의 문제 해결 노하우를 쓰다 보면 논술 쓰기도 경험한다는 거야.
자신이 마주한 문제에 대해 해결 방법을 쓰는 것을 '문제해결형 논술'이라고
하거든. 이렇게 논술 쓰기가 저절로 되는 거지.
자, 이제 자신감을 가지고 한 편씩 써 보자.
생활 속 문제도 해결하고 논술도 잘하는 멋진 어린이가 될 거야!

이렇게 써 보자!

나의 하루를, 그리고 지난날을 잘 떠올려 봐.
매일 무언가를 하고 있다는 사실을 알게 될 거야.
그중 많이 경험해 보았을 만한 주제를 이 책에 넣어 두었어.

주제를 먼저 쭉 살펴보고, 쓸거리가 딱! 떠오르는 것이 있다면
그것을 선택해서 쓰면 돼.
그리고 내가 그 일을 어떻게 잘해냈는지 방법을 떠올려 봐.
그걸 구체적으로 써야 해.

가령 '엄마를 화나게 법'을 쓸 때 '엄마를 화나게 하는 방법은 말대꾸를 하는
것이다.'라고만 쓰면 좀 평범할 수 있어. 여기에 '아니, 근데~ 라고 말한다.'
처럼 구체적인 내용을 덧붙이는 거야.

'내가 했던 나만의 경험과 말'이 들어가야 그 글이 생생한 자기 글이 되거든.
누구나 쓸 수 있는 문장만 나열한 글은 좋은 글이 아니야.
구체적인 내용까지 썼다면 나만의 비법은 어떤 효과를 냈는지 써 보기로 해.
그런데 어떤 방법이든 단점이나 부작용이 있을 수 있어.
그건 어떻게 해결하면 좋을까? 잘 생각해서 써 봐.
이렇게 쓰다 보면 나만의 비법을 알려 주는 글이 어느새 뚝딱! 완성되는 거야.

엄마를 화나게 하려면 엄마에게 말대꾸를 한다. 문을 쾅 닫아 버리는 것도 좋다.

예를 들어 엄마가 말을 잘 들으라고 하면 '아니, 근데'라고 말을 하면 된다. 그리고 방에 들어가고 난 다음에는 나오라고 해도 나오지 않고 버틴다.

그럼 당장은 혼나지 않을 수 있고 잔소리를 피할 수 있다.

그렇게 하면 엄마가 더 화를 내는 부작용이 있다. 그럼 얼마 후 '진심으로 잘못했다'고 빈다.

> 나만의 방법을 1~2개 써요.

> 구체적인 예시를 써요.

> 어떤 효과가 있는지 써요.

> 내가 한 방법의 단점과 해결법을 써요.

이 방법은 글쓰기를 막연해 하는 어린이들을 위해 고안했어. 위 질문을 참고하되, 자신이 쓰고 싶은 방향이 있으면 그 방향대로 쓰는 것이 더 좋아. 쓰다가 종이가 부족하면 다른 노트에 이어서 써 봐.
글을 쓰는 기쁨을 느낄 수 있을 거야.

말하기 카드

글을 쓰기 전 먼저 말을 해 보면 쓸거리가 더 많이 떠오르는 효과가 있어.
말하기가 생각을 자극하거든.
이 내용으로 카드를 만들어서 하나씩 들고 말해 봐.
가족들과 함께 하면 서로의 의견이 섞이며, 더욱 풍성한 말하기가 될 거야.
그리고 나서 술술 글쓰기 시작!

1 나만의 비법을 소개할게!

2 구체적으로 설명해 볼게.

3 그럼 이런 효과를 얻을 수 있지!

4 아, 단점이 있어. 그건 이렇게 해결하면 돼.

비법 1

고소한 맛

고소한 맛부터 시작해 볼게.
이곳에는 친구들이 일상에서 자주 경험했을
재미있고 다양한 상황이 담겨 있어.
주로 친구 관계, 부모님 가족과의 관계,
학교생활에서 겪는 일이야.

경험해 본 것은 있는 그대로,
그렇지 않은 것은 어떻게 하면 좋을지 고민해 보자.
그야말로 자기만의 비법을 써 보는 거야!
조금은 엉뚱하고 웃기게 써 봐도 좋아.
그래서 '고소한' 맛이거든.

고소한 맛 빙고

1 친구와 싸우고 5초 만에 화해하는 법	2 엄마 화나게 하는 법	3 엄마 몰래 딴짓하다 들키지 않는 법	4 가족이 끓인 라면 잘 뺏어 먹는 법	5 싫어하는 과목 공부하는 법
6 선생님 몰래 과자 먹는 법	7 아빠 화나게 하는 법	8 다니기 싫은 학원 안 다니는 법	9 남은 반찬 한 개 차지하는 법	10 형제자매의 물건 몰래 쓰는 법
11 늦게 일어나도 지각하지 않는 법	12 엄마 잔소리를 한 귀로 흘려 보내는 법	13 방 청소 안 하고 깨끗하게 유지하는 법	14 아무리 먹어도 배부르지 않는 법	15 여행 가서 숙제 안 하는 법
16 수업 시간에 잠 물리치는 법	17 발가락으로 연필 잡고 글씨 쓰는 법	18 시험 못 봐도 안 혼나는 법	19 밥 안 먹고 배고프지 않는 법	20 공부 안 하고 시험 잘 보는 법
21 학원 지각해도 안 혼나는 법	22 하기 싫은 발표를 피하는 법	23 혼자서도 재미있게 노는 법	24 어떤 질문에도 당황하지 않는 법	25 학원 선생님이 숙제 줄여 주게 하는 법

고소한 맛 주제는 총 50개야. 2개의 빙고판을 보면 25개씩 주제가 들어가 있지?
자, 주제를 보고 먼저 쓰고 싶은 것을 골라 봐. 그리고 다 쓰고 나면 여기로 돌아와서
해당 칸에 색칠을 하는 거야. 그렇게 하다 보면 어느새 1빙고가 되고 2빙고가 되겠지?
빙고 줄이 하나씩 완성될 때마다 스스로를 칭찬해 볼까?

26 뷔페에서 최대한 많이 먹는 법	**27** 친구와 말싸움에서 절대 지지 않는 법	**28** 안 웃기는 친구 농담에 웃는 법	**29** 동생을 내 개인 비서로 만드는 법	**30** 야식 먹고도 살 안 찌는 법
31 알람 없이 일찍 일어나는 법	**32** 글 쓰기 싫을 때 종이 채우는 법	**33** 책 안 읽고 독후감 쓰는 법	**34** 모기에게 물렸을 때 가려움을 줄이는 법	**35** 바퀴벌레 잡는 법
36 돌에 걸렸을 때 멋있게 넘어지는 법	**37** 세수 안 해도 안 들키는 법	**38** 머리 안 감고 3일 버티는 법	**39** 한여름에 더위 피하는 법	**40** 모태 솔로에서 벗어나는 법
41 친구 숙제 몰래 베끼는 법	**42** 책 읽기에 집중하는 것처럼 보이는 법	**43** 몽당 연필 오래 쓰는 법	**44** 지우개 1개를 1년 쓰는 법	**45** 쉬는 시간을 30분처럼 보내는 법
46 휴대폰 배터리 5프로일 때 버티는 법	**47** 월요병 이겨 내는 법	**48** 내 이름을 세계에 알리는 법	**49** 초등 인생을 재미있게 사는 법	**50** 추위를 이겨 내는 법

친구와 싸우고 5초 만에 화해하는 법

- 너의 방법은?
- 구체적인 예시는?
- 효과는?
- 단점과 해결법은?

친구와 싸우고 5초 만에 화해하려면 웃긴 말을 하면 된다. 웃긴 말을 던지는 순간 누가 잘못했는지 기억이 안 나고 다시 놀 수 있다. 웃긴 행동까지 하면 더 재미있다. 나는 내 절친하고 일주일에 꼭 한 번은 싸우는데 그렇게 하면 어색한 분위기가 금방 사라진다. 문제는 그렇게 하면 매번 싸울 때마다 내가 웃겨야 할 것 같다는 거다. 나도 그게 좀 힘들었다. 그럼 친구에게도 웃겨 보라고 하면 된다.

'이렇게 답하는구나.' 하고 알려 주려고 질문과 대답끼리 같은 색으로 표시했어. 질문에 대한 나의 답을 적다 보면 나만의 비법이 완성될 거야.

엄마 화나게 하는 법

| 너의 방법은? | 구체적인 예시는? | 효과는? | 단점과 해결법은? |

엄마를 화나게 하려면 엄마에게 말대꾸를 한다. 문을 쾅 닫아 버리는 것도 좋다. 예를 들어 엄마가 말을 잘 들으라고 하면 '아니, 근데'라고 말을 하면 된다. 그리고 내가 방에 들어가고 난 다음에 나오라고 해도 나오지 않고 버틴다. 그럼 당장은 혼나지 않을 수 있고 잔소리를 피할 수 있다. 그렇게 하면 엄마가 더 화를 낸다. 그럼 얼마 후 '진심으로 잘못했다'고 빈다.

 엄마 몰래 딴짓하다 들키지 않는 법

| 너의 방법은? | 구체적인 예시는? | 효과는? | 단점과 해결법은? |

엄마 몰래 딴짓하다 들키지 않으려면 방문을 일단 잠근다. 그 안에서 원하는 것을 다 한다. 예를 들어 만화책을 보고 싶다면 몰래 보는 것이다. 나는 주로 침대 맡에 앉아서 본다. 그럼 기분이 좋아진다. 단점은 엄마가 문을 쾅쾅 두드릴 수 있다는 거다. 그럼 무거운 물건으로 막아 둔다. 나중에 더 혼날 수 있지만 그건 나중에 생각하면 된다.

✓

가족이 끓인 라면 잘 뺏어 먹는 법

| 너의 방법은? | 구체적인 예시는? | 효과는? | 단점과 해결법은? |

　가족이 끓인 라면을 잘 빼앗아 먹으려면 끓일 때 2개를 끓이라고 우선 말한다. 싫다고 하면 내가 가서 살짝 물과 라면 1개를 더 넣는다. 냄비가 작으면 큰 것으로 바꾸면 된다. 방에서 좀 기다리다가 다 되면 나와서 맛있게 먹으면 된다. 단점은, 잔소리를 들을 수 있다는 거지만 맛있는 라면을 먹다 보면 잘 들리지 않는다.

✓

싫어하는 과목 공부하는 법

| 너의 방법은? | 구체적인 예시는? | 효과는? | 단점과 해결법은? |

싫어하는 과목을 공부하려면 우선 그 과목을 먼저 하는 것이 좋다. 음식은 맛있는 것부터 먹어야 하지만, 공부는 싫은 것부터 해야 한다. 그러면 하고 싶은 것이 남아 그나마 숨통이 트이기 때문이다. 나는 수학이 싫어서 가장 먼저 해 버리고, 그다음 좋아하는 영어를 한다. 그럼 수학도 웬만큼 할 수 있다. 중간에 무엇을 먹는 것도 좋은 방법이다. 물론 그렇게 하면 짜증이 나서 영어도 싫어질 수 있지만 하다 보면 적응된다.

✓

선생님 몰래 과자 먹는 법

| 너의 방법은? | 구체적인 예시는? | 효과는? | 단점과 해결법은? |

 선생님 몰래 과자를 먹으려면 우선 마스크를 쓴다. 선생님이 안 볼 때 몰래 과자를 입에 넣는다. 그리고 기침하는 척하면서 과자를 씹는다. 소리가 많이 나는 과자는 살살 녹이면 된다. 그럼 과자를 맛있게 먹을 수 있다. 단점이 있다면 온 신경이 입안에 있어서 수업에 집중이 안 된다는 것이다. 또, 뒤에 앉은 친구가 이를 수도 있다. 그럼 계속 아픈 척하면 된다.

✓

아빠 화나게 하는 법

| 너의 방법은? | 구체적인 예시는? | 효과는? | 단점과 해결법은? |

　우리 아빠를 화나게 하려면 아빠가 텔레비전 보실 때 리모콘을 가져오면 된다. 나는 아빠가 주무시는 것 같을 때 몰래 가져오는데 신기하게 가져오는 순간 "아빠, 안 잔다."라고 한다. 그 다음으로는 뭐라 하든 꿋꿋하게 내 마음대로 채널을 돌린다. 그럼 아빠가 "원래대로 돌려놔라."라고 한다. 못 들은 척 하면 내가 좋아하는 것을 볼 수 있다. 문제는 크게 혼날 수 있다. 그때는 주무시는 줄 알았다고 말하면 된다.

✓

다니기 싫은 학원 안 다니는 법

| 너의 방법은? | 구체적인 예시는? | 효과는? | 단점과 해결법은? |

 다니기 싫은 학원이 있다면 일단 다니기 싫은 티를 팍팍 낸다. 갈 때마다 울상을 하면 된다. 그래도 엄마가 안 들어준다면 조심스럽게 말을 한다. 여기서 중요한 것은 엄마가 기분이 좋을 때 말해야 한다는 것이다. 그래도 엄마가 안 들어주시면 학원 안 가는 대신 공부를 열심히 한다고 약속한다. 운이 좋으면 엄마가 학원을 그만두게 해 줄 것이다. 단점이 있다면 다른 학원을 또 등록할 수 있다는 거다. 그럴 때는 운명이라 생각하고 다닌다.

√

남은 반찬 한 개 차지하는 법

| 너의 방법은? | 구체적인 예시는? | 효과는? | 단점과 해결법은? |

　남은 반찬 한 개를 차지하려면 일단 젓가락을 빠르게 사용해야 한다. 평소에 젓가락을 많이 써 보는 연습이 필요하다. 그리고 반찬이 아직 뜨겁다는 핑계를 대고 내 접시에 가져온다. 그다음 식히는 척하다가 입에 넣어 버린다. 그럼 남들보다 많이 먹을 수 있다. 문제는 욕을 먹을 수 있다는 것이다. 그럼 이미 먹은 것을 뱉을 수는 없다고 말한다.

✓

형제자매의 물건 몰래 쓰는 법

| 너의 방법은? | 구체적인 예시는? | 효과는? | 단점과 해결법은? |

동생 물건을 몰래 쓰는 법은 간단하다. 동생에게 휴대폰을 주고 유튜브를 보게 한다. 정신이 팔려 있을 때, 동생 방에 가서 물건을 쓴다. 나는 주로 내 동생의 게임 카드를 가지고 노는데, 내 방으로 슬쩍 가지고 와서 놀면 잘 모른다. 그리고 잘 가져다 두면 된다. 물론 그렇게 하다가 물건이 망가질 수는 있다. 그럼 안 그런 척 모른 체하면 된다. 동생이 나를 의심하겠지만 별 도리는 없을 것이다.

✓

늦게 일어나도 지각하지 않는 법

| 너의 방법은? | 구체적인 예시는? | 효과는? | 단점과 해결법은? |

늦게 일어나도 지각하지 않으려면 일단 밥을 먹지 않는다. 양치도 하지 않는다. 옷은 아무거나 입는다. 바로 밖으로 뛰어나가, 전력 질주를 한다. 그래도 늦을 것 같으면 엄마 찬스를 써서 차로 데려다 달라고 한다. 그래도 늦을 것 같으면 가다가 일부러 넘어져서 병원으로 간다. 이렇게 하면 지각하지 않거나 핑곗거리가 생긴다. 문제는 학교 기록에 남을 수 있다는 것이다. 그러니 최대한 일찍 일어나자.

✓

엄마 잔소리를 한 귀로 흘려보내는 법

| 너의 방법은? | 구체적인 예시는? | 효과는? | 단점과 해결법은? |

 엄마가 잔소리를 하면 일단 반성하는 표정을 짓는다. 고개를 약간 숙이고 눈으로 장판의 무늬를 센다. 그럼 잘 듣는 느낌을 주면서도 귀로 흘려보낼 수 있다. 그리고 스트레스도 덜 받는다. 단점은, 엄마가 뭐라고 했는지 잊어서 더 혼날 수 있다는 거다. 대답하는 타이밍을 놓치기도 한다. 그럼 잘못했다고 말하고 잔소리를 한 번 더 듣는다. 독립하기 전까지는 어쩔 수 없다. 초등학생의 고난이다.

✓

방 청소 안 하고 깨끗하게 유지하는 법

| 너의 방법은? | 구체적인 예시는? | 효과는? | 단점과 해결법은? |

　방 청소 안 하고 깨끗하게 유지하려면 물건을 옷장에 다 쑤셔 넣으면 된다. 자그마한 물건들, 벗은 옷 같은 거다. 그럼 방이 깨끗해진다. 나는 엄마가 방 청소를 하라고 할 때 그렇게 한다. 문제는 옷장을 열면 와르르 쏟아진다는 것이다. 그럼 다시 쑤셔 넣는다. 필요한 것을 못 찾을 때도 있는데 그럴 땐 다 꺼내어 찾으면 된다. 그리고 다시 쑤셔 넣으면 내 방은 언제나 깨끗하다!

✓

아무리 먹어도 배부르지 않는 법

| 너의 방법은? | 구체적인 예시는? | 효과는? | 단점과 해결법은? |

밥이 맛있어서 더 먹고 싶으면 그냥 계속 먹는다. 음식이 목까지 찼다고 생각한다면 중간에 콜라나 사이다를 마셔 주면 좋다. 그럼 소화가 되는 느낌이 들면서 다시 또 먹을 수 있다. 먹방 유튜브를 자세히 보니 유튜버들도 그 방법을 쓰는 것 같았다. 물론 나중에 너무 배가 불러 걷기 힘들 수 있다. 뛰면 배가 아프기도 하다. 그럼 모든 것을 내려놓은 듯 한숨 자면 된다.

✓

여행 가서 숙제 안 하는 법

| 너의 방법은? | 구체적인 예시는? | 효과는? | 단점과 해결법은? |

여행 가서 숙제 안 하려면 엄마를 설득한다. 여행은 숙제하러 가는 것이 아니라고 말한다. 또는 자는 척을 한다. 여름 여행 때 그렇게 해 봤는데 엄마가 봐 주셨다. 그럼 숙제를 안 하는 홀가분한 여행이 될 수 있다. 하지만 이렇게 하면 집에 왔을 때 숙제가 산더미다. 그럼 또 미루면 된다. 너무 많이 밀리면 선생님이 숙제를 줄여 주기도 한다. 만약 줄여 주지 않는다면 포기하고 그냥 한다. 어차피 내 할 일이니까!

✓

수업 시간에 잠 물리치는 법

| 너의 방법은? | 구체적인 예시는? | 효과는? | 단점과 해결법은? |

수업 시간에 잠이 오면 우선 나는 졸리지 않다고 주문을 외운다. 앞을 보고 있으면 졸린 것이 들키니까, 고개를 약간 숙여 책을 보는 척한다. 그리고 주먹을 쥐었다 폈다 하면서 몸을 자꾸 움직인다. 그래도 졸리면 화장실에 다녀온다고 한다. 그러다 보면 잠이 깬다. 단점은 그러다가 시간이 다 가서 공부를 못한다는 것이다. 그럼 집에 가서 하면 된다. 하기 싫으면 나중에 몰아서 하자!

✓

 발가락으로 연필 잡고 글씨 쓰는 법

| 너의 방법은? | 구체적인 예시는? | 효과는? | 단점과 해결법은? |

　발가락으로 연필을 잡고 글씨를 쓰려면 물구나무를 서서 손을 발로 만들면 된다. 그리고 나서 발이 된 그 손으로 연필을 잡는다. 그리고 종이를 벽에 붙여 그쪽으로 옮긴 다음 발이 된 손으로 글씨를 쓰면 된다. 그렇게 하면 팔 근육이 좋아진다. 대신 팔이 아플 수 있으니 평소에 연습을 많이 하면 된다. 주변에서 뭐 하는 거냐고 하면 공부하기 싫어서 노는 것이라고 말하자.

✓

시험 못 봐도 안 혼나는 법

| 너의 방법은? | 구체적인 예시는? | 효과는? | 단점과 해결법은? |

　시험 못 봐도 안 혼나려면 일단 그날은 평소보다 말을 잘 듣는다. 먼저 엄마의 어깨를 주물러 드리고, 밥을 먹고는 싱크대에 그릇을 잘 가져다 둔다. 편의점에서 엄마를 위한 커피를 사다 드려도 좋다. 이렇게 하면 엄마가 내 시험따위는 잊을 수도 있다. 물론 그렇게 해도 엄마가 시험 점수에만 집중해서 혼낼 수 있다. 그럼 최대한 반성하는 척하고 들어가서 숙제를 열심히 한다.

✓

밥 안 먹고 배고프지 않는 법

| 너의 방법은? | 구체적인 예시는? | 효과는? | 단점과 해결법은? |

　밥 안 먹고도 배고프지 않으려면 일단 무언가에 푹 빠져 있으면 된다. 나는 책을 읽으면 배고픈 것을 잊는다. 또는 물을 많이 마신다. 사탕을 먹는 것도 좋은 방법이다. 그리고 어제 먹었던 음식을 떠올리며 배가 고프지 않다고 주문을 외운다. 물론 물만 많이 먹으면 화장실을 자주 가지만, 배고픈 것보다는 낫다. 번거로우면 참았다가 한번에 볼일을 많이 보는 것도 좋다. 참기 힘들면 조금씩 싸서 말리자.

✓

공부 안 하고 시험 잘 보는 법

| 너의 방법은? | 구체적인 예시는? | 효과는? | 단점과 해결법은? |

공부를 안 하고 시험을 잘 보려면 평소에 공부를 미리 해 둔다. 예를 들어 수학은 한 학년 위의 문제집까지 공부해 두면 시험을 잘 볼 수 있다. 나는 지금 다음 학년 수학 문제집을 푸는데, 어렵기는 하지만 학교 시험을 잘 본다. 엄마가 하라고 해서 했는데 처음에는 짜증났지만 시험 점수가 좋으면 마음이 풀리기도 한다. 단점은 머리가 아플 수 있다는 것이다. 그럴 때는 타이레놀을 먹자.

학원 지각해도 안 혼나는 법

너의 방법은? 구체적인 예시는? 효과는? 단점과 해결법은?

학원에 지각을 하면 우선 건물 입구에서부터 열심히 뛴다. 숨을 몰아쉬고 들어가면 선생님이 무슨 일이 있느냐고 물어보신다. 그럼 앞의 학원에서 늦게 끝났는데 지각하고 싶지 않아서 최선을 다해 뛰어왔다고 한다. 그럼 웬만하면 봐주신다. 나는 주로 수학 학원에서 해 봤는데 성공이었다. 물론 자주 하면 통하지 않을 수 있으니 가끔만 해야 한다. 늦은 이유는 사실 벤치에서 게임을 하기 때문인 것은 비밀이다.

✓

 ## 하기 싫은 발표를 피하는 법

| 너의 방법은? | 구체적인 예시는? | 효과는? | 단점과 해결법은? |

선생님이 발표하라고 했는데 하기 싫으면 머리가 아프다고 말한다. 또 배가 아프다고 해도 선생님이 그냥 넘어가 주신다. 학교에서 선생님이 발표를 시키신 적이 있는데, 눈을 내리깔며 아프다고 하니 넘어갈 수 있었다. 단점은, 갑자기 아프다고 하면 안 통할 수 있다는 거다. 그럼 수업이 시작할 때부터 아픈 표정을 짓고 있으면 된다. 발표를 시키는 날은 아침부터 전략적으로 움직이자.

√

혼자서도 재미있게 노는 법

| 너의 방법은? | 구체적인 예시는? | 효과는? | 단점과 해결법은? |

혼자서 재미있게 놀려면 일단 게임을 시작한다. 자신이 가장 좋아하는 게임을 하는 거다. 예를 들어 로블록스 같은 것이 있다. 그럼 30분이 3초처럼 느껴진다. 그리고 혼자라도 심심하지 않다는 느낌을 받을 수 있다. 하지만 시력이 안 좋아질 수는 있다. 집중력도 저하된다. 게임하다 성격이 괴팍해질 수도 있다. 그럼 평소에 당근을 많이 먹자. 눈 건강에는 당근이 좋다고 그랬다.

✓

어떤 질문에도 당황하지 않는 법

| 너의 방법은? | 구체적인 예시는? | 효과는? | 단점과 해결법은? |

어떤 질문에도 당황하지 않으려면 그 사람이 한 말을 다시 물어본다. 예를 들어 '지금 저에게 숙제를 했냐고 물어보신 거 맞죠?' 하면서 말이다. 그럼 생각할 시간을 얻을 수 있다. 단점은, 바로 답하지 않는다고 혼날 수 있다는 거다. 그럼 나는 신중해서 그런 거라고 말한다. 이렇게 했더니 선생님이 어이없어서 웃으셨다. 단, 매번 통하지는 않으니 같은 사람에게는 한 번만 사용하자.

✓

학원 선생님이 숙제 줄여 주게 하는 법

| 너의 방법은? | 구체적인 예시는? | 효과는? | 단점과 해결법은? |

학원 선생님이 숙제를 줄여 주게 하려면 말을 잘 들으면 된다. 수업 시간에 집중도 잘한다. 나는 주로 수학 학원에서 그렇게 하는데, 그럼 숙제가 줄어든다. 하지만 그렇게 하면 실력이 나아지지 않을 수 있다. 또 절대로 안 줄여 주시는 선생님도 있다. 그럴 땐 공부를 집에서 열심히 하는 것도 좋다. 안 줄여 주시는 선생님은 그냥 포기하면 마음이 편하다.

✓

# 뷔페에서 최대한 많이 먹는 법

| 너의 방법은? | 구체적인 예시는? | 효과는? | 단점과 해결법은? |

뷔페에서 최대한 많이 먹으려면 처음에 샐러드를 가져와서 먹으면 좋다. 샐러드를 가지고 올 때는 한 바퀴 돌면서 어떤 음식이 있나 눈도장을 찍는다. 그리고 음식을 고를 때 여러 번 돌면서 소화를 시킨다. 한 그릇 먹고 잠시 쉬고 또 먹으면 많이 먹을 수 있다. 그 전날부터 굶으면 더 좋다. 내가 아빠보다 더 많이 먹을 수도 있다. 물론 그렇게 하다 보면 시간이 많이 가지만, 뷔페는 다른 식당보다 오래 있을 수 있어 괜찮다.

✓

친구와 말싸움에서 절대 지지 않는 법

| 너의 방법은? | 구체적인 예시는? | 효과는? | 단점과 해결법은? |

친구와의 말싸움에서 지지 않으려면 말을 빨리 한다. 그럼 상대가 당황을 한다. 끝없이 말하다가 상대가 물러서면 멈춘다. 나는 내 절친과 싸울 때 주로 그렇게 한다. 그렇게 하다 보면 말싸움이 끝나고 친구가 어이없다는 듯 쳐다본다. 물론 그렇게 하다 보면 절교할 수도 있다. 그럴 땐 진심으로 사과를 하면 된다. 친구가 받아 주지 않아도 괜찮다. 말싸움 잘하는 법을 터득했기 때문이다.

✓

안 웃기는 친구 농담에 웃는 법

| 너의 방법은? | 구체적인 예시는? | 효과는? | 단점과 해결법은? |

　안 웃기는 친구가 농담을 하면 재미있는 친구를 머릿속에 떠올린다. 그럼 어떻게든 웃을 수 있다. 나는 같은 학원 다니는 아이가 맨날 농담을 해서 많이 웃는데, 그 아이를 떠올리면 웃음이 저절로 나온다. 이렇게 하면 안 웃기는 친구의 자존감이 높아지고 친해질 수 있다. 문제는 계속 웃어 주지 않으면 언젠가는 사이가 틀어질 수 있다는 거다. 그럼 진지하게 진짜 웃겨 보라고 말하면 된다.

√

동생을 내 개인 비서로 만드는 법

| 너의 방법은? | 구체적인 예시는? | 효과는? | 단점과 해결법은? |

동생을 내 개인 비서로 만드는 방법은 간단하다. 동생이 잘못한 것을 엄마에게 말하지 않는다고 약속하는 것이다. 그럼 단숨에 나의 비서가 되어 내 심부름을 척척 한다. 나는 내 동생이 엄마 몰래 게임하는 시간을 알고 있어서, 가끔 그걸로 동생을 내 비서로 만든다. 단점은 동생이 가끔은 내 잘못도 말하면서 안 듣는다는 것이다. 그래서 평소에 동생의 잘못을 많이 발견해서 써 두어야 한다. 아, 동생 몰래 써야 한다. 동생도 쓸 수 있으니까!

✓

야식 먹고도 살 안 찌는 법

| 너의 방법은? | 구체적인 예시는? | 효과는? | 단점과 해결법은? |

　야식을 먹고도 살이 안 찌려면 자기 전에 누워서 다리를 돌리는 하늘 자전거를 한다. 또 다음 날은 점심 급식을 아주 조금 먹으면 된다. 쉬는 시간에 마구 뛰어 놀면서 에너지를 쓰면 더 좋다. 나는 가끔 가족하고 치킨을 먹는데, 그럴 때 다음 날 급식을 적게 먹으려고 노력한다. 단점이 있다면 다음 날 급식에 맛있는 것이 나오면 적게 먹기가 쉽지 않다는 것이다. 그럼 집에 갈 때 뛰어가면서 또 에너지를 쓰면 된다.

✓

알람 없이 일찍 일어나는 법

| 너의 방법은? | 구체적인 예시는? | 효과는? | 단점과 해결법은? |

　알람 없이 일찍 일어나려면 인간 알람의 도움을 받으면 된다. 그건 바로 엄마한테 정해진 시간에 깨워 달라고 하는 것이다. 나는 매일 그렇게 한다. 그럼 늦지 않을 수 있다. 문제점은 엄마가 깨웠는데 내가 안 일어나면 잔소리를 들을 수 있다는 것이다. 엄마도 늦잠을 잘 수 있다는 단점도 있다. 그럴 때는 아빠한테도 부탁하면 된다. 아빠는 일찍 출근하셔서 늘 일찍 일어나시니 도와주실 수 있다.

✓

# 글 쓰기 싫을 때 종이 채우는 법

| 너의 방법은? | 구체적인 예시는? | 효과는? | 단점과 해결법은? |

글 쓰기 싫을 때 종이를 채우려면 우선 글씨를 크게 쓴다. 글자 사이 간격을 늘리는 것도 아주 좋은 방법이다. 그리고 물음표나 느낌표 등을 두세 번씩 쓴다. 그럼 글 쓸 종이가 꽉 차니까 생각을 많이 안 해도 되어서 좋고, 글쓰기도 빨리 끝난다. 물론 계속 그렇게 하면 선생님에게 혼날 수 있다. 그래서 글씨는 예쁘게 쓰는 것이 좋다. 글씨가 예쁘면 넘어가 주시기도 한다. 그래도 혼내시면 그냥 혼나면 된다.

✓

책 안 읽고 독후감 쓰는 법

| 너의 방법은? | 구체적인 예시는? | 효과는? | 단점과 해결법은? |

책을 안 읽고 독후감을 쓰는 좋은 방법은 인터넷에 검색해 보는 거다. 검색해서 나오는 글을 읽어 보고 비슷하게 쓰면 된다. 또는 책 뒷면의 내용을 힌트로 해서 써도 된다. 소감은 그냥 재밌다고 쓰면 되니까 상관없다. 그렇게 하면 독후감이 뚝딱 나온다. 단점은 선생님이 눈치챌 가능성이 높다는 것이다. 그럴 때는 그냥 내가 썼다고 우기면 된다. 사람의 생각은 비슷할 수 있으니까!

✓

모기에게 물렸을 때 가려움을 줄이는 법

| 너의 방법은? | 구체적인 예시는? | 효과는? | 단점과 해결법은? |

　모기에게 물리는 순간 우선 쳐다보지 말고 힘을 꽉 주어야 한다. 어디 물리나 보는 순간 시간이 흐른다. 내 팔을 물고 있다면 주먹을 꽉 쥐고 힘을 주어서 아픔이 덜 느껴지게 한다. 그래도 아프면 최대한 힘을 주어 모기를 때려 잡는다. 그렇게 하면 모기는 죽고 가려움이 줄어든다. 나는 벌써 여러번 이렇게 잡았다. 단점은 모기의 으스러진 모습을 보아야 한다는 것이다. 그럼 눈을 감고 얼른 치우면 된다.

✓

바퀴벌레 잡는 법

| 너의 방법은? | 구체적인 예시는? | 효과는? | 단점과 해결법은? |

바퀴벌레를 처치하려면 일단 발견 즉시 에프킬라를 뿌려야 한다. 에프킬라가 없다면 발로 무작정 밟는다. 또는 그 앞에 선을 그어 놓으면 벽인 줄 알고 지나가지 못한다. 바로 그때 잡으면 된다. 책을 던져 누르거나 뭐라도 던져서 잡는다. 이건 내가 과학책에서 보았던 방법이다. 단점은 바퀴벌레 시체 처리를 해야 한다는 것이다. 그건 아빠에게 맡기면 된다. 아빠가 늦게 오신다고 하면 엄마한테 맡기자.

✓

돌에 걸렸을 때 멋있게 넘어지는 법

너의 방법은?   구체적인 예시는?   효과는?   단점과 해결법은?

 돌에 걸려 넘어지려는 순간, 일단 얼굴이 앞으로 박히지 않도록 조심해야 한다. 얼굴이 앞으로 박히면 너무 보기 싫기 때문에 최대한 고개를 들고, 주변에 무언가 있다면 잡아야 한다. 그래야 덜 넘어지고 그나마 덜 부끄럽다. 단점은 결국 넘어지긴 한 것이므로 창피한 건 어쩔 수 없다는 것이다. 그럴 때는 스마트폰을 꺼내 통화하는 척하며 빨리 지나간다. 집에 오면 고통이 몰려오니 그때는 충분히 아파하자.

✓

세수 안 해도 안 들키는 법

| 너의 방법은? | 구체적인 예시는? | 효과는? | 단점과 해결법은? |

　세수를 안 한 날은 얼굴 운동을 하면서 최대한 얼굴을 팽팽해 보이게 한다. 나는 입을 크게 벌렸다 닫았다 하면서 얼굴 운동을 한다. 양심상 눈꼽은 살짝 떼어 주고 얼굴을 통통 때리면서 생기가 돌게 하는 것도 좋다. 그리고 모자를 쓰는 것이 좋다. 그럼 내가 세수를 안 한 걸 아무도 모른다. 단점이 있다면 냄새로 알아차릴 수 있다는 것이다. 그런 날은 향수를 조금 뿌리거나, 최대한 친구 옆에 가지 않는 것이 좋다.

✓

머리 안 감고 3일 버티는 법

| 너의 방법은? | 구체적인 예시는? | 효과는? | 단점과 해결법은? |

　머리 안 감고 3일 버티는 법은 간단하다. 기름이 진 머리카락 끝에 살짝 물을 발라 주고 잘 말리면 감은 것 같다. 늦게 일어나서 머리를 못 감을 때 엄마가 그렇게 해 주어서 좋은 노하우를 터득하게 되었다. 모자를 쓰는 것도 추천한다. 대신 세수는 뽀득뽀득 해 주어서 깔끔해 보이게 한다. 이왕이면 양치도 하는 것이 좋다. 그럼 꽤 깨끗하게 느껴진다. 단점은 머리가 가려울 수 있다는 것이다. 그럴 때는 나무젓가락으로 박박 긁으면 된다.

✓

한여름에 더위 피하는 법

| 너의 방법은? | 구체적인 예시는? | 효과는? | 단점과 해결법은? |

　한여름에 더위를 피하려면 일단 집에서 버티는 것이 중요하다. 에어컨을 틀고 가만 누워서 텔레비전을 본다. 만약 꼭 나가야 한다면 얼음 목도리를 사서 두르고 나간다. 선풍기 조끼도 사서 입는다. 그럼 무더위에 죽지는 않을 거다. 단점은 몸에 무언가를 하고 있는 게 귀찮고 돈이 들고 충전해야 하며, 시원하지 않을 수도 있다는 거다. 그러면 최대한 빨리 집에 들어온다.

✓

모태 솔로에서 벗어나는 법

| 너의 방법은? | 구체적인 예시는? | 효과는? | 단점과 해결법은? |

 모태 솔로에서 벗어나려면 조금이라도 마음에 드는 친구에게 일단 고백부터 하고 본다. 그리고 용기를 내어 "너를 좋아해."라고 말하면 이틀 정도는 만날 수 있다. 그러면 모태 솔로에서 벗어났다고 자랑할 수 있다. 나는 부끄러워서 못했고 내 친구가 그렇게 하는 것을 보았다. 물론 거절을 당할 수도 있다. 그럼 조용히 눈물을 닦으면 된다. 생각해 보면 변한 것은 하나도 없다.

✓

친구 숙제 몰래 베끼는 법

| 너의 방법은? | 구체적인 예시는? | 효과는? | 단점과 해결법은? |

친구 숙제를 몰래 베끼려면 친구가 화장실에 갔을 때 공책을 살짝 가져와야 한다. 그리고 공책을 얼른 펼쳐서 그대로 쓰면 된다. 그럼 숙제가 완료된다. 나는 딱 두 번 그렇게 한 적이 있는데 성공했다. 단점은 친구가 금방 와서 다 못할 수도 있다는 것이다. 그럼 미리 사진을 찍어 두거나 다른 친구 공책을 또 보면 된다. 그러니 평소에 친구를 많이 사귀어 두자. 양심에 걸린다는 단점도 있으니 절박할 때 한 번만 하자.

✓

책 읽기에 집중하는 것처럼 보이는 법

| 너의 방법은? | 구체적인 예시는? | 효과는? | 단점과 해결법은? |

책 읽기에 집중하는 것처럼 보이려면 책을 펼쳐서 가까이 보면서 인상을 찌푸린다. 그리고 책장을 아주 천천히 넘긴다. 책장을 넘기는 소리는 최대한 크게 하는 것이 좋다. 그럼 엄마는 내가 책을 집중해서 보는 것으로 안다. 단점은 머릿속은 딴생각이라서 책장 넘기는 것을 잊을 수 있다는 것이다. 만약 엄마가 의심하면서 제대로 읽는 거냐고 물으면 책 읽다가 상상하는 중이라고 말하면 된다. 이 방법은 거의 성공했다.

✓

몽당연필 오래 쓰는 법

| 너의 방법은? | 구체적인 예시는? | 효과는? | 단점과 해결법은? |

몽당연필을 오래 쓰려면 일단 몽당연필 2개가 생길 때까지 기다린다. 그리고 그 연필 사이에 나무젓가락을 넣어 두 개를 연결한다. 글루건으로 붙이고 고무줄로 한 번 더 감으면 아주 길고 튼튼한 연필이 된다. 양쪽 연필을 쓰다가 심이 다 닳으면 깎아 쓰면 된다. 그럼 오래 사용할 수 있다. 단점이 있다면, 그걸 만드느라 시간이 오래 걸릴 수 있다는 것이다. 칼로 깎을 때 손이 다칠 수도 있다. 그럴 땐 아빠에게 SOS를 하면 해결된다!

✓

지우개 1개를 1년 쓰는 법

| 너의 방법은? | 구체적인 예시는? | 효과는? | 단점과 해결법은? |

　지우개 1개를 1년 쓰려면 지우개로 지운 찌꺼기를 모아 다시 뭉치면 된다. 어떤 동화책에서 주인공이 그렇게 하는 것을 보았다. 또는 누군가 버린 지우개를 합치는 것도 좋은 방법이다. 쉬는 시간에 교실을 돌아다니면 주인을 모르는 조각 지우개가 은근히 많다. 버려진 지우개를 사용하는 건 환경을 위한 일이기도 하다. 단점은 좀 더러울 수 있다는 건데, 그건 지우개의 운명이라고 생각하면 된다. 모든 지우개는 조금 쓰다 보면 더러워진다.

✓

쉬는 시간을 30분처럼 보내는 법

| 너의 방법은? | 구체적인 예시는? | 효과는? | 단점과 해결법은? |

 쉬는 시간을 30분처럼 보내는 아주 좋은 방법이 있다. 바로 지루한 책을 읽는 거다. 그러면 쉬는 시간이 30분을 넘어 1시간처럼 느껴진다. 수업하는 것보다는 그게 낫다. 나는 가끔 읽어야 하는 숙제 책을 그렇게 읽는다. 또는 변비라고 하고 화장실에 오래 있는 것도 좋다. 단점은, 책이 싫어지고 진짜로 변비에 걸릴 수 있다는 것이다. 아이들하고 못 노는 것도 별로다. 그렇게 판단된다면 그냥 30분처럼 노는 게 좋겠다.

✓

휴대폰 배터리 5프로일 때 버티는 법

| 너의 방법은? | 구체적인 예시는? | 효과는? | 단점과 해결법은? |

    휴대폰 배터리가 5프로 남았을 때는 우선 화면 밝기를 최대한 줄여야 한다. 그것이 핵심이다. 그리고 열어 보지 않아야 한다. 또 전화가 오면 빛의 속도로 꺼내서 바로 꺼야 한다. 아! 무음으로 하는 것도 좋다. 난 배터리가 없을 때는 그냥 가방 안에 넣어 두고 보지 않는다. 단점은 엄마의 전화를 받지 못한다는 것이다. 그럼 집에 가서 사정을 잘 말하면 된다. 그리고 그 틈을 타서 스마트 워치를 사 달라고 하면 사 주실 가능성이 있다.

✓

월요병 이겨 내는 법

| 너의 방법은? | 구체적인 예시는? | 효과는? | 단점과 해결법은? |

　월요병을 이기려면 월요일이 좋다고 계속 최면을 걸면 된다. 아침에 눈을 뜨자마자, 오늘 재미있는 일이 뭐가 있나 한 가지 정도 생각하는 것도 좋다. 그걸로 하루를 버틸 수 있다. 나는 그래서 좋아하는 미술 학원을 월요일에 다닌다. 그럼 월요병의 이상한 기운을 없앨 수 있다. 단점은 최면을 거는 모습에 애들이 나를 이상하게 볼 수 있다는 것이다. 그럴 때는 친구들에게도 이 방법을 알려 주어서 나처럼 행동하게 한다. 그럼 마음이 편안해진다.

✓

내 이름을 세계에 알리는 법

| 너의 방법은? | 구체적인 예시는? | 효과는? | 단점과 해결법은? |

내 이름을 세계에 알리려면 우리 반을 세계라고 생각하면 된다. 그리고 친구들에게 내 이름을 말하고 다닌다. 그럼 아주 쉽게 알릴 수 있다. 우리 반에 그렇게 하는 아이가 있다. 그게 좀 우습다면 유튜브를 시작한다. 미스터비스트처럼 되지는 못하겠지만 자꾸 올리면 알려질 수도 있다. 단점은 악플이 달릴 수 있다는 건데, 가볍게 무시해 주면 된다. 댓글 창을 막아 두는 것도 좋은 방법이다.

✓

초등 인생을 재미있게 사는 법

| 너의 방법은? | 구체적인 예시는? | 효과는? | 단점과 해결법은? |

　초등 인생을 재미있게 살려면 오늘이 나의 가장 어린 날이라고 생각하고 신나게 노는 것이다. 1학년 때보다 3학년인 지금 체력이 떨어져서 하루라도 어릴 때 놀아야 한다. 친구하고 최대한 자주 만나서 놀면 된다. 나는 지금 그렇게 하는데 매일매일 행복하다. 단점은 공부도 해야 하는데 시간이 없다는 것이다. 그럴 때는 주말 하루는 신나게 놀고 싶다고 허락을 받고 놀면 해결!

✓

추위를 이겨 내는 법

| 너의 방법은? | 구체적인 예시는? | 효과는? | 단점과 해결법은? |

추울 때는 일단 서 있는 자리에서 뛰어야 한다. 그래야 몸이 뜨끈해진다. 주변에 사람이 없다면 손을 내 옷 속에 넣어 배를 만지는 것도 좋다. 집에 있을 때는 이불 밖으로 나오지 않는다. 그럼 적어도 덜덜 떠는 건 막을 수 있다. 물론 뛸 수 없는 상황도 있다. 그럴 때는 내가 펭귄이라고 생각하고 견뎌 본다. 또, 배를 만지면 손이 너무 차가워서 놀랄 수 있다. 하지만 온몸이 추운 것보다는 낫다고 생각한다.

✓

고소한 맛 50개를 잘 써 보았니?

이렇게 질문에 답하면서 써 보는 방법도 있지만

너의 경험을 바탕으로 자유롭고 길게 쓸 수도 있단다.

친구한테 나만의 비법을 말해 준다고 생각해 보면

할 말이 아주 많아질 거야.

 부모님과 더 친해지는 법

넌 혹시 부모님과 관계가 어떠니? 좋든 안 좋든 우선 부모님한테 대들지는 마. 그렇게 하다 보면 말싸움으로 이어지고 심하면 나 때문에 엄마, 아빠 둘 중에 한 분이 집을 나가실 수도 있어. 그렇게 되기 싫잖아, 그렇지?

그러니까 내가 하는 말 잘 들어 봐. 부모님과 더 친해지고 싶으면 부모님이 하는 말을 잘 듣고, 부모님 생신 때 꼭! 꼭! 꼭! 편지라도 써 드려. 그동안 부모님이 나를 키우시느라 고생하셨으니까 감사한 마음으로 말이야. 만약 그게 어렵다면 안마를 해 드리는 거 어때? 아니면 설거지를 하거나 안경을 닦아 드리는 등 할 일은 많아. 이런 일을 하다 보면 부모님이 나를 더 아끼고 사랑해 주실 거야.

또 부모님이 힘들어 보이신다면? 그럴 때는 부모님 화나게 하지 말고 가만히 있어. 안 그러면 너한테 화풀이하실 수도 있거든. 무슨 말인지 잘 알겠지?

왼쪽 친구의 글을 잘 읽어 보았니?

친구에게 실제 말해 주는 것처럼, 또는 편지처럼 편하게 쓸 수도 있어. 같은 주제로 너의 비법을 알려 줘도 좋고, 주제부터 자유롭게 정해서 써 보아도 좋아.

자, 좀 더 긴 글에도 도전해 보자!

고소한 맛의 짧은 글, 긴 글 모두 잘 써 보았니?

정말 대단해. 지금까지 쓴 글 마음에 드니?

쓰면서 나만의 비법도 정리하고

새로운 비법도 찾았을 것 같아.

그중 가장 마음에 드는 글,

친구들에게 소개하고 싶은 글 3편을 뽑아 제목을 써 보자!

비법 2
담백한 맛

담백한 맛 시작해 볼게.
앞에서 여러 재미있는 주제를 써 보았다면
이제는 조금 더 진지한 주제들을 만나 볼 거야.

공부부터 시간 관리, 자기 관리까지
폭넓은 주제를 보고 나의 비법을 떠올려 써 봐.

다 쓰고 나면!
나의 생활이 한층 더 멋져질 거야.

담백한 맛 빙고

51 수업 시간에 집중하는 법	52 수학 문제 잘 푸는 법	53 시간 관리 잘 하는 법	54 유튜브 보고 싶을 때 꾹 참는 법	55 급식 안 남기는 법
56 맛없는 반찬 먹는 법	57 자기 전 야식 유혹을 참는 법	58 하루를 상쾌하게 시작하는 법	59 방학을 즐겁게 보내는 법	60 일찍 잠에 드는 법
61 친구 잘 사귀는 법	62 나쁜 친구 멀리하는 법	63 친구들에게 인기 얻는 법	64 하루 종일 집에서 행복하게 보내는 법	65 우리 가족 화목해지는 법
66 엄마 행복하게 하는 법	67 영어 단어 잘 외우는 법	68 멋진 초등학생이 되는 법	69 내가 좋아하는 일 찾는 법	70 나를 아끼는 법
71 내 장점을 발견하는 법	72 친구의 꿈을 응원하는 법	73 약속 안 지키는 친구, 지키게 하는 법	74 친구와 오래 사이좋게 지내는 법	75 나쁜 말 하는 친구에게 대응하는 법

담백한 맛 주제는 총 50개야. 2개의 빙고판을 보면 25개씩 주제가 들어가 있지?
자, 주제를 보고 먼저 쓰고 싶은 것을 골라 봐. 그리고 다 쓰고 나면 여기로 돌아와서
해당 칸에 색칠을 하는 거야. 그렇게 하다 보면 어느새 1빙고가 되고 2빙고가 되겠지?
빙고 줄이 하나씩 완성될 때마다 스스로를 칭찬해 볼까?

76 친구의 무리한 부탁을 거절하는 법	77 혼밥을 맛있게 먹는 법	78 밖에서 화장실 급할 때 해결하는 법	79 혼자만의 시간을 확보하는 법	80 책 읽기에 집중하는 법
81 화가 났을 때 마음을 가라앉히는 법	82 미운 사람을 너무 미워하지 않는 법	83 휴대폰을 현명하게 사용하는 법	84 친구와 싸우지 않는 법	85 재미있는 책 찾는 법
86 미래 꿈을 준비하는 법	87 몸에 좋은 음식만 먹는 법	88 후회할 일을 줄이는 법	89 친구에게 상처 주지 않고 내 의견 말하는 법	90 따돌림 당하는 친구를 도와주는 법
91 집안일을 도와드리는 법	92 용돈을 알뜰하게 쓰는 법	93 우산 잃어버리지 않는 법	94 정리정돈을 잘하는 법	95 결과가 좋지 않아도 다시 힘내는 법
96 긴장될 때 마음을 편하게 하는 법	97 칭찬을 들었을 때 겸손하게 반응하는 법	98 친구가 울 때 위로해 주는 법	99 집에서 공부에 집중하는 법	100 글씨 예쁘게 쓰는 법

수업 시간에 집중하는 법

너의 방법은?   구체적인 예시는?   효과는?   단점과 해결법은?

　수업 시간에 집중하려면 수업에 필요한 물건만 책상에 올려 둔다. 다른 물건을 올려 두면 거기에 정신이 팔린다. 그럼 집중이 잘 안 된다. 나도 여러 가지 물건을 올려 두는 편이었는데 선생님 말씀대로 책만 올려 두었더니 집중이 되었다. 물론 이렇게 하면 수업 시간이 지루할 수 있다. 그럼 쉬는 시간에 놀면 된다. 아니면 선생님 말씀에 집중하려고 눈을 크게 떠 보는 것도 좋다.

✓

52 수학 문제 잘 푸는 법

너의 방법은?   구체적인 예시는?   효과는?   단점과 해결법은?

수학 문제를 잘 풀려면 예습을 많이 해야 한다. 또는 학원을 다니는 것도 좋은 방법이다. 서술형 학원을 다니면 잘 풀 수 있다. 어려운 문제는 복습을 하는 것도 좋다. 그래도 안 풀리는 경우가 있다. 그럴 때는 쉬운 문제부터 풀다 보면 이해력이 좋아져서 풀게 될 수 있다. 문제를 다 풀어 버려서 수학을 없앨 수 없다면 어떻게든 해 보자!

✓

시간 관리 잘하는 법

| 너의 방법은? | 구체적인 예시는? | 효과는? | 단점과 해결법은? |

　시간 관리를 잘하려면 계획표와 체크 리스트를 쓰는 것이 좋다. 오늘 해야 할 일을 계획 세우고 한 일은 체크하는 것이다. 그럼 성취감을 느낄 수 있다. 그 옆에 '참 잘했어요' 도장을 찍으면 더욱 좋다. 우리 집은 식탁 달력에 내가 할 일이 적혀 있는데, 그걸 보고 하니까 잘할 수 있어서 좋다. 물론 귀찮고 힘들 수 있다. 한 달만 하면 잘하게 되니 꾹 참고 한다. 또, 칭찬 도장은 엄마한테 사 달라고 한다.

✓

유튜브 보고 싶을 때 꾹 참는 법

너의 방법은? 구체적인 예시는? 효과는? 단점과 해결법은?

유튜브를 보고 싶을 때 그 마음을 참으려면 게임을 한다. 컴퓨터를 켜 놓고 하면 유튜브 보고 싶은 마음을 잊을 수 있다. 그렇게 하다 보면 유튜브를 덜 볼 수 있다. 단점은 게임 중독이 될 수 있다는 것이다. 그럼 시간을 제한해서 하면 된다. 또 게임이 끝나면 도파민이 터져서 바로 유튜브를 보고 싶을 수 있다. 그럼 차라리 잠을 잔다. 뭘 좀 먹고 자면 오래 잘 수 있다.

✓

55 급식 안 남기는 법

너의 방법은?   구체적인 예시는?   효과는?   단점과 해결법은?

　급식을 안 남기려면 처음부터 조금 받는 것이 좋다. 안 먹는 건 아예 안 받는다. 나는 브로콜리를 싫어해서 안 먹는다고 말하고 안 받는다. 그럼 깨끗이 먹을 수 있다. 단점은 편식을 하게 되어 건강에 문제가 생길 수 있다. 그리고 나중에는 배가 고플 수도 있다. 그럼 엄마 카드를 가지고 다니며 편의점에서 좋아하는 걸 사 먹으면 된다. 대신 엄마한테 허락받은 만큼만 사용해야 혼나지 않는다.

✓

56 맛없는 반찬 먹는 법

| 너의 방법은? | 구체적인 예시는? | 효과는? | 단점과 해결법은? |

맛없는 반찬이 나오면 코를 막고 먹는다. 또는 반찬을 으깨서 먹는 것도 좋은 방법이다. 사탕하고 같이 먹는 것도 좋다. 나는 두부를 싫어하는데 그럴 때 냄새를 안 맡고 삼켜 버린다. 한번은 두부를 으깨서 김에 싸 먹었더니 그럭저럭 먹을 만했다. 그럼 맛없는 것도 어쨌든 먹을 수는 있다. 너무 심하게 하면 토할 수 있으니까 토를 하고 조금 쉬면 된다. 대신 그날 저녁은 정말 좋아하는 것을 먹자.

✓

자기 전 야식 유혹을 참는 법

너의 방법은? 구체적인 예시는? 효과는? 단점과 해결법은?

　자기 전에 야식의 유혹을 참으려면 일단 물배를 채운다. 아니면 우유라도 한 컵 마신다. 우유는 한 모금씩 느끼면서 마셔야 한다. 그리고 누워서 잠을 청한다. 이건 내가 거의 매일 하는 방법인데, 이렇게 하다 보면 야식 생각이 거의 안 난다. 단점은 자다가 깨서 화장실을 갈 수 있다는 거다. 그럴 땐 꾹 참고 다시 잠을 잔다. 혹시 이불에 실례를 했다면 천천히 말리면 된다.

✓

58 하루를 상쾌하게 시작하는 법

| 너의 방법은? | 구체적인 예시는? | 효과는? | 단점과 해결법은? |

　하루를 상쾌하게 시작하려면 일단 엄마의 잔소리를 듣지 않아야 한다. 그러니 엄마가 잔소리를 더 하는 것 같다면 바로 방으로 숨거나 세수를 오래 한다. 양치질을 오래 하는 것도 좋다. 그리고 옷 입고 재빨리 학교로 향한다. 그럼 하루를 상쾌하게 시작할 수 있다. 단점은 학교 다녀와서 더 혼날 수 있다는 것이다. 그럼 숙제를 시작하면 된다. 그날 하루는 최대한 말을 잘 듣는 것도 좋다.

✓

59 방학을 즐겁게 보내는 법

| 너의 방법은? | 구체적인 예시는? | 효과는? | 단점과 해결법은? |

　방학을 즐겁게 보내려면 일단 여행을 간다. 방학을 시작하자마자 가는 것이 중요하다. 그러기 위해 한참 전부터 엄마를 설득해야 한다. 여행 다녀오면 공부를 열심히 한다고 말이다. 그다음 여행지에 가서 호텔에 들어간 다음 맛있는 음식을 먹고 마구 논다. 틈틈이 게임을 하는 것도 좋은 방법이다. 그럼 방학이 매우 즐거워진다. 문제는 그렇게 하면 돈이 많이 든다는 것이다. 그러니 평소에 잘 모아 두면 된다.

✓

일찍 잠에 드는 법

| 너의 방법은? | 구체적인 예시는? | 효과는? | 단점과 해결법은? |

일찍 잠에 들려면 일단 불을 끈다. 그리고 이불을 머리 끝까지 덮어서 아주 어두운 상태를 만들고 눈을 감는다. 그래도 잠이 안 오면 안대를 한다. 재미없는 유튜브를 틀어 놓는 것도 좋다. 그래도 잠이 안 온다면 재미없는 책을 읽는다. 나는 정말 잠이 안 올 때 이 방법을 순서대로 하는데 효과가 좋다. 단점은 다 시도하다가 결국 늦게 잘 수 있다는 것이다. 그럼 다음날 낮잠을 자면 된다.

✓

친구 잘 사귀는 법

| 너의 방법은? | 구체적인 예시는? | 효과는? | 단점과 해결법은? |

친구를 잘 사귀려면 먼저 인사를 하는 것이 좋다. 그럼 친구도 반갑게 인사를 한다. 나는 복도에서 주로 아이들한테 '안녕'이라고 자주 말한다. 그냥 지나가는 아이도 있고 반가워하며 말을 거는 아이도 있다. 그럼 친구가 생기는 것이다. 물론 모른 체하는 아이도 있어서 상처받을 수 있다. 이 모든 것은 당연한 것이라고 생각하면 마음이 편해진다. 인간관계는 원래 어렵다.

✓

62 나쁜 친구 멀리하는 법

| 너의 방법은? | 구체적인 예시는? | 효과는? | 단점과 해결법은? |

나쁜 친구를 멀리하려면 우선 어떤 친구가 나쁘다고 판단되는 순간 멀리 떨어져서 다녀야 한다. 그리고 쳐다보지 않는다. 우리 반에 전학 온 아이가 욕을 하고 게다가 행동도 거칠어서 최대한 모른 체했다. 그래도 나에게 다가오면 선생님하고 친하게 지내서, 가까이 오지 못하게 한다. 그럼 멀리할 수 있다. 단점은 계속 따라올 수도 있다는 거다. 그럴 때는 새 학년이 되기를 기다린다.

✓

친구들에게 인기 얻는 법

| 너의 방법은? | 구체적인 예시는? | 효과는? | 단점과 해결법은? |

　친구들에게 인기를 얻으려면 귀여워지면 된다. 그리고 친구들이 좋아하는 것만 쏙쏙 골라서 한다. 외모 체크를 잘하는 것도 중요하다. 그럼 친구들이 나를 강아지처럼 귀엽게 대한다. 지금 내가 그 강아지 입장이다. 인기가 너무 많아지면 쉴 수가 없다는 단점은 있다. 너무 힘들면 귀여움을 버리는 것도 좋다. 그럼 나만의 또다른 매력을 발견할 수도 있다.

✓

하루 종일 집에서 행복하게 보내는 법

너의 방법은?   구체적인 예시는?   효과는?   단점과 해결법은?

　하루 종일 집에서 행복하게 보내려면 일단 숙제를 전날 다 해 놓는다. 그리고 게임 시간을 모아서 그 날 하루 게임만 한다. 또는 하고 싶었던 운동이나 취미 생활을 하면 된다. 나는 그림 그리기를 주로 한다. 하루에 5장을 그린 적도 있는데 너무 재밌었다. 단점은 공부 안 한다고 혼날 수 있는 거다. 다음 날 열심히 하면 된다. 또는 미리 허락을 받으면 된다.

✓

65 우리 가족 화목해지는 법

| 너의 방법은? | 구체적인 예시는? | 효과는? | 단점과 해결법은? |

    우리 가족이 화목해지기 위해서는 우선 밥을 같이 먹는 것이 좋다. 밥 먹을 때 이야기를 많이 하도록 한다. 우리 가족은 너무 바빠서 주로 주말에 같이 먹는데 그래서 주말이 가장 좋다. 이야기할 때 핵심은 엄마 아빠에게 질문을 많이 해서 잔소리를 예방하는 것이다. 단점이 있다면 한 사람이 바빠서 다 같이 먹기 힘들 수 있다는 것이다. 그럼 여행 가서 같이 먹거나 전화를 자주 하면 된다.

✓

# 엄마 행복하게 하는 법

| 너의 방법은? | 구체적인 예시는? | 효과는? | 단점과 해결법은? |

　엄마를 행복하게 하려면 우선 공부를 해야 한다. 할 수 있다면 시험을 100점 맞는 것도 좋다. 또 내 용돈을 드리면 좋아하신다. 나는 세뱃돈 모은 것을 드렸더니 엄마가 건조기를 사는 데 보태시고는 진짜 좋아하셨다. 그러면 엄마가 텔레비전을 볼 수 있게 해 주기도 한다. 내 부탁도 잘 들어주신다. 문제는 그렇게 하면 내가 지칠 수 있다는 것이다. 그럼 달달한 초콜릿을 먹는다. 또는 노는 것도 좋다.

✓

영어 단어 잘 외우는 법

너의 방법은? 구체적인 예시는? 효과는? 단점과 해결법은?

영어 단어 잘 외우려면 그 단어와 비슷한 다른 단어를 떠올린다. 예를 들어 'crab'이라면 뽀로로의 'Crong'을 생각하며 외운다. 그럼 많은 단어를 외울 수 있다. 또는 노래하는 것처럼 스펠링을 계속 말하고 다니는 것도 좋다. 나는 'sister'를 외울 때 노래하듯 계속 말했다. 그렇게 하면 단점은 주변 사람이 시끄럽다고 한다는 것이다. 그럼 맛있는 것을 하나 주고 달래면 된다.

✓

멋진 초등학생이 되는 법

| 너의 방법은? | 구체적인 예시는? | 효과는? | 단점과 해결법은? |

　멋진 초등학생이 되려면 욕을 하지 않아야 한다. 또 사고를 치지 않는다. 예를 들어 학교 폭력으로 불릴 만한 심한 싸움을 하지 않는다. 또, 인성이 올바른 사람이어야 한다. 공부보다 인성이 중요하다고 선생님이 그러셨다. 이것만으로도 멋진 초등학생이 될 수 있다. 단점이 있다면 너무 약해 보여서 무시당할 수 있다는 것이다. 그럼 뭐 하나라도 잘하려고 노력하거나 나도 무시하면 된다.

✓

69 내가 좋아하는 일 찾는 법

| 너의 방법은? | 구체적인 예시는? | 효과는? | 단점과 해결법은? |

　내가 좋아하는 일을 찾으려면 좋아하는 것을 다 해 보는 것이 좋다. 나는 게임도 해 봤고, 무에타이, 수영, 농구도 해 봤고, 음식 많이 먹기도 해 봤다. 먹방 찍는 것처럼 혼자 카메라 켜 놓고 먹어 본 적도 있다. 그럼 내가 잘하는 걸 점점 알게 된다. 나는 농구가 나의 장기라는 것을 알았다. 단점이 있다면 너무 바쁘고 돈이 많이 든다는 것이다. 누군가 '쓸데없는 일'이라고 말하기도 한다. 그럼 내 미래를 위한 일이라고 생각하면 된다.

✓

70 나를 아끼는 법

너의 방법은?   구체적인 예시는?   효과는?   단점과 해결법은?

　나 자신을 아끼려면 몸을 소중히 여기는 것이 가장 중요하다. 할아버지가 건강이 최고라고 했다. 몸은 하나이기 때문에 아껴야 한다. 그러려면 아이스크림을 많이 먹지 않아야 한다. 또 무모하게 어딘가로 뛰면서 내 몸을 함부로 하지 않아야 한다. 내 친구는 뛰다가 다친 적도 있다. 마음도 아껴야 한다. 그러기 위해 휴대폰을 너무 많이 보지 않는다. 단점은 도파민이 터지지 않는다는 것이다. 그럼 가끔 맛있는 것을 먹는다.

✓

내 장점을 발견하는 법

| 너의 방법은? | 구체적인 예시는? | 효과는? | 단점과 해결법은? |

나의 장점을 발견하려면 내가 괜찮은 사람이라는 것을 잊지 않아야 한다. 그리고 사람들이 나의 어떤 점을 칭찬하는지 잘 기억한다. 사람들이 칭찬하는 것을 계속 하면서 내가 정말 잘한다는 것을 확인하면 된다. 그럼 나의 장점을 명확히 알 수 있다. 단점은 시간이 오래 걸릴 수 있고 발견을 못할 수도 있다는 것이다. 그럼 천천히 생각하면 된다.

✓

72 친구의 꿈을 응원하는 법

| 너의 방법은? | 구체적인 예시는? | 효과는? | 단점과 해결법은? |

친구가 하고 싶은 일이 있다고 하거나 꿈이 있다고 하면 잘 들어준다. 내 친구는 피아니스트가 되고 싶다고 항상 말하는데, 들어주면서 또 응원을 해 주니 좋아한다. 그리고 잘한다는 칭찬도 잊지 않는다. 물론 본 적은 없지만 잘하겠거니 하고 칭찬한다. 그럼 친구도 나를 응원해 준다. 단점은, 친구가 너무 잘난 척하게 될 수 있으니 적당히 해야 한다는 거다. 뭐든 과유불급인 법!

✓

약속 안 지키는 친구, 지키게 하는 법

| 너의 방법은? | 구체적인 예시는? | 효과는? | 단점과 해결법은? |

약속을 안 지키는 친구가 있으면 기다리지 않고 가야 한다. 그래도 안 지키면 나의 시간을 소중하게 생각하지 않는 너와는 놀 수 없다고 당당히 말해야 한다. 축구 시간을 자꾸 어기는 친구가 있어서 나 혼자 조금 놀다가 그냥 들어간 적이 있다. 그럼 친구도 약속을 지킬 것이다. 그래도 안 지키면 절교한다. 단점은, 내가 아쉬울 수 있다는 것이다. 그럼 다른 친구를 사귀면 된다. 인간 관계는 원래 어렵다.

✓

친구와 오래 사이좋게 지내는 법

| 너의 방법은? | 구체적인 예시는? | 효과는? | 단점과 해결법은? |

친구와 오래 사이좋게 지내려면 우선 친구의 말을 잘 들어주어야 한다. 내가 하고 싶은 말만 하면 친구는 곧 떠날 것이다. 나는 그래서 친구가 말하면 눈을 보고 고개를 끄덕인다. 여기서 핵심은, 눈을 크게 뜨고 친구 말에 어울리는 표정을 지으면서 최선을 다해 들어야 한다는 것이다. 그럼 친구도 내 말을 들어준다. 물론 그렇게 하는 게 쉬운 일은 아니지만 인생은 어차피 주거니 받거니이므로 하는 것이 좋다.

✓

75 나쁜 말 하는 친구에게 대응하는 법

| 너의 방법은? | 구체적인 예시는? | 효과는? | 단점과 해결법은? |

친구가 나쁜 말을 하면 일단 도망을 간다. 못 들은 척하고 좋은 말을 자꾸 떠올린다. 그래도 계속 나쁜 말을 하면 눈을 보고 하지 말라고 말한다. 우리 반 한 아이는 모든 친구들에게 나쁜 말을 하고 다녀서 친구들이 싫어한다. 하지만 어떤 아이가 하지 말라고 당당히 말하니 그 아이에게는 못한다. 도망다니기만 하면 비겁해 보일 수도 있지만 맞대응보다는 그것이 낫다.

✓

76 친구의 무리한 부탁을 거절하는 법

너의 방법은?   구체적인 예시는?   효과는?   단점과 해결법은?

　친구가 무리한 부탁을 하면 난감하다. 그럴 때 나는 '미안하지만'이라고 시작해서 들어줄 수 없는 이유를 말한다. 지난번 내 친구가 천 원을 꾸어 줄 수 있느냐고 했는데 안 된다고 했다. 엄마가 돈을 절대 빌려주지 말라고 했기 때문이다. 그랬더니 더 이상 말하지 않았다. 하지만 그렇게 하면 친구가 나를 멀리할 수 있다. 그럼 아쉽지만 다른 친구와 논다. 그 친구도 그런다면, 내가 더 무리한 부탁을 해 본다. 그럼 안 그럴 것이다.

✓

혼밥을 맛있게 먹는 법

| 너의 방법은? | 구체적인 예시는? | 효과는? | 단점과 해결법은? |

 혼자 밥을 먹을 때 가장 중요한 건 음식이 맛있어야 한다는 것. 그래서 메뉴를 잘 골라야 한다. 나는 주로 내가 좋아하는 라면이나 마라탕을 먹는다. 혼밥은 유튜브나 만화책을 보면서 먹으면 더 좋다. 그럼 재밌어서 밥도 더 맛있게 느껴지고 한 그릇을 금방 먹을 수 있다. 하지만 그렇게 보면서 먹다 보면 너무 오래 먹을 수 있다. 그럼 시간을 정해 두고 보면 된다.

✓

78 밖에서 화장실 급할 때 해결하는 법

| 너의 방법은? | 구체적인 예시는? | 효과는? | 단점과 해결법은? |

밖에 있는데 화장실이 급할 때는, 우선 다리를 꼬고 눈으로는 화장실이 어디 있는지 찾아본다. 그리고 화장실을 발견하면 빠르게 뛰어간다. 만약 어디 있는지 모르겠으면 편의점에 들어가서 물어본다. 그럼 무사히 해결할 수 있다. 단점은 화장실이 급하면 정신이 없어서 못 찾을 수 있다는 것이다. 그럼 어쩔 수 없이 조금씩 싸서 말린다.

✓

79 혼자만의 시간을 확보하는 법

| 너의 방법은? | 구체적인 예시는? | 효과는? | 단점과 해결법은? |

혼자 있는 시간을 확보하려면 학원을 갈 때 조금 일찍 나가서 공원에 앉아 있으면 된다. 나는 매일 그러는데 아무도 나를 방해하지 않아서 좋다. 집에서는 화장실에 들어가서 조금 오래 앉아 있으면 좋다. 이것도 내가 자주 하는 방법인데 나름 괜찮다. 단점으로는, 밖에선 학원에 늦을 수 있고 집에선 엄마한테 혼날 수 있다는 거다. 그럼 눈치껏 잘하면 된다. 정 시간이 안 되면 가족이 모두 잠든 시간을 이용하자.

✓

책 읽기에 집중하는 법

| 너의 방법은? | 구체적인 예시는? | 효과는? | 단점과 해결법은? |

책 읽기에 집중하려면 조용한 곳을 먼저 찾는다. 그리고 벽 쪽을 보고 앉아서 고개를 푹 숙인다. 귀마개가 있으면 하고 없으면 이어폰만 소리 없이 꽂아도 좋다. 나는 항상 내 방 한구석에서 그렇게 책을 읽는다. 그럼 책을 재밌게 읽고 집중할 수 있다. 단점이 있다면 읽다가 잠이 들 수도 있다는 것이다. 그럴 때는 꿀잠을 자고 일어나서 다시 읽는다. 그럼 집중이 더 잘 된다.

✓

화가 났을 때 마음을 가라앉히는 법

| 너의 방법은? | 구체적인 예시는? | 효과는? | 단점과 해결법은? |

화가 났을 때 마음을 가라앉히려면 우선 물을 한 잔 마신다. 물을 벌컥벌컥 마시고 나면, 내가 왜 화가 났는지 생각하게 된다. 그리고 시간이 조금 지나면 그렇게 화를 낼 일이 아니었다는 것을 알게 된다. 그럼 마음이 가라앉는다. 단점은 이미 화를 내 버려서 다른 사람에게 미안해질 수 있다는 것이다. 그럴 때는 사과를 한다. 사과하기 부끄럽다면 그냥 하루 정도 잘해 주는 것도 좋다.

✓

82. 미운 사람을 너무 미워하지 않는 법

| 너의 방법은? | 구체적인 예시는? | 효과는? | 단점과 해결법은? |

　미운 사람을 너무 미워하지 않으려면 그 사람의 장점을 생각한다. 우리 반에는 항상 나를 놀리고 괴롭히는 아이가 있어서 정말 밉다. 그럴 때 나는 그 아이가 창의성이 좋다는 것을 떠올리며 이해하려고 애쓴다. 그러다 보면 그 아이가 덜 밉기도 하다. 이 방법에 단점이 있다면, 아무리 생각해도 장점이 생각나지 않을 수 있다는 것이다. 그럼 그 아이도 언젠가 멋진 사람이 될 거라고 생각해 본다.

✓

휴대폰을 현명하게 사용하는 법

| 너의 방법은? | 구체적인 예시는? | 효과는? | 단점과 해결법은? |

　휴대폰을 현명하게 사용하려면 엄마께 철저히 관리해 달라고 말하면 된다. 그럼 부모 보호 조치를 해서 시간 제한을 해 주신다. 우리 엄마도 그렇게 해 주시니 하루에 적당한 시간만 사용해서 좋다. 단점은 너무 아쉬울 때도 있다는 것이다. 정말 보고 싶은 것이 생기거나 심심할 때 말이다. 그럴 때는 엄마가 잘 때 엄마 폰을 몰래 보면 된다. 다음 날 들킬 수 있지만 그건 다음 날의 문제다.

✓

친구와 싸우지 않는 법

| 너의 방법은? | 구체적인 예시는? | 효과는? | 단점과 해결법은? |

친구와 싸우지 않으려면 일단 좋은 친구를 두어야 한다. 자꾸 싸우게 되는 친구는 맞지 않는 것이다. 그리고 친구를 존중한다. 시비를 걸지 않는 것도 좋다. 나도 싸우는 것이 싫어 웬만하면 이해하려고 한다. 그럼 사이 좋은 친구가 될 수 있다. 다만 문제는 내가 속병이 생길 수 있다는 것이다. 그럴 때는 가끔 맛있는 것을 먹으며 스트레스를 푼다.

✓

85 재미있는 책 찾는 법

| 너의 방법은? | 구체적인 예시는? | 효과는? | 단점과 해결법은? |

　재미있는 책을 찾으려면 일단 책의 중간 부분을 펼쳐서 읽어 보면 된다. 작가가 글을 쓰다가 지칠 때가 중간이기 때문에, 그 부분이 재미있는 거면 진짜 재미있는 책이다. 또는 앞에 두 장 정도 읽어 보아도 알 수 있다. 표지가 재미있어 보이는 것도 중요하다. 나는 항상 그렇게 찾는데 성공 확률이 높다. 단점이 있다면 가끔은 실패한다는 것이다. 그래도 그 경험을 통해 재미있는 책을 찾는 법을 더 배운거라 좋다.

✓

미래 꿈을 준비하는 법

| 너의 방법은? | 구체적인 예시는? | 효과는? | 단점과 해결법은? |

미래 꿈을 준비하기 위해서는 오늘 하루하루 잘 먹고 잘 자는 것이 무엇보다 중요하다. 운동을 잘하는 것도 중요하다. 왜냐하면 오늘 하루 잘 먹고 잘 자야 내가 건강하게 잘 자라고, 운동을 해야 체력이 있어서 미래 꿈도 이룰 수 있기 때문이다. 그럼 나의 미래를 잘 맞이할 수 있다. 단점은 미래 생각을 너무 하면 불안하기도 하니, 적당히 해야 한다는 것이다.

✓

몸에 좋은 음식만 먹는 법

너의 방법은?   구체적인 예시는?   효과는?   단점과 해결법은?

　몸에 좋은 음식만 먹으려면 우선 초록색을 찾으면 된다. 초록색으로 된 음식은 대체로 건강에 좋은 것이다. 과일이나 채소가 대체로 그렇다. 우리 엄마는 아침마다 과일과 채소를 주는데, 처음에는 싫었지만 습관이 되어서 괜찮다. 내가 건강해진 느낌이라 매우 좋다. 단점은 가끔은 질린다는 것이다. 그럴 때는 떡볶이를 아주 맵게 먹어 주면 풀린다.

✓

88 후회할 일을 줄이는 법

| 너의 방법은? | 구체적인 예시는? | 효과는? | 단점과 해결법은? |

후회할 일을 줄이려면 3초 생각하는 습관을 들인다. 나는 가끔 화를 내서 후회를 한다. 그리고 말을 잘못해서 후회하기도 한다. 조금만 참으면 되는데 왜 그랬을까 생각한다. 3초만 생각해도 후회를 줄일 수 있다. 단점은 내 마음과 몸이 따라 주지 않을 때가 많다는 것이다. 그래도 나를 위한 것이니 연습을 하면 좋다. 대신 초등학교 졸업 전까지는 연습해야 멋진 중학생이 될 수 있을 것이다.

√

친구에게 상처 주지 않고 내 의견 말하는 법

너의 방법은?   구체적인 예시는?   효과는?   단점과 해결법은?

친구에게 상처를 주지 않고 내 의견을 말하려면 일단은 부드러워야 한다. 친구가 잘못했다는 식으로 말하면 친구 기분이 바로 상한다. 내 단짝은 다 좋은데 너무 잘난 체를 하는 게 있어서 그대로 말했다가 삐친 적이 있다. 그래서 지금은 부드럽게 말하거나 안 하려고 노력한다. 그럼 사이도 나빠지지 않는다. 단점은 부드럽게 말해도 기분 나빠할 수 있다는 것! 그럼 그건 그 친구의 마음이니 어쩔 수 없다고 생각한다.

✓

따돌림 당하는 친구를 도와주는 법

| 너의 방법은? | 구체적인 예시는? | 효과는? | 단점과 해결법은? |

　따돌림 당하는 친구가 있으면 우선 지켜본다. 그리고 아무도 없을 때 가서 위로를 해 준다. 주말에 같이 노는 것도 좋다. 나는 우리 반의 한 친구가 5명 무리에게 따돌림 당하는 것을 보았는데, 몰래 가서 위로해 주었다. 그래서 그 친구랑 친해졌다. 단점은 내가 위로해 주면 나도 놀림당하거나 미움받을 수 있다는 것이다. 그럼 어른에게 말씀드리면 된다. 말씀드릴 때는 너무 과장하지 말고 있는 그대로 말해야 해결이 된다.

✓

집안일을 도와드리는 법

| 너의 방법은? | 구체적인 예시는? | 효과는? | 단점과 해결법은? |

집안일을 도와드리려면 설거지부터 시작하는 것이 좋다. 고무장갑을 낀 다음 받침대에 올라가서 설거지를 한다. 그리고 엄마가 걷어 둔 빨래를 개는 것도 좋다. 나는 가끔 하는데 재밌기도 하고 설거지는 특히 속 시원해지는 기분이라 좋다. 단점이 있다면, 엄마가 안 도와주는 게 도와주는 거라며 하지 못하게 하는 것이다. 그럼 엄마 없을 때 몰래 한다. 다 해 놓으면 가끔 칭찬도 해 주신다.

✓

용돈을 알뜰하게 쓰는 법

| 너의 방법은? | 구체적인 예시는? | 효과는? | 단점과 해결법은? |

　용돈을 알뜰하게 쓰려면, 나에게 얼마나 돈이 있는지 잘 알아보고 무엇을 살지 미리 생각해 두면 된다. 지난번에 편의점에서 음료수를 사 먹었는데, 용돈을 금방 써 버려서 아쉬운 적이 있었다. 그다음부터는 꼭 한 번 생각하고 쓴다. 단점은 너무 신경 쓰면 머리가 아프다는 것이다. 그럴 때는 차라리 한동안 안 쓰는 것도 좋은 방법이다. 돈이 없으면 없는 대로 살게 된다.

✓

우산 잃어버리지 않는 법

| 너의 방법은? | 구체적인 예시는? | 효과는? | 단점과 해결법은? |

우산을 잃어버리지 않으려면 우산에다 이름을 크게 써 두어야 한다. 그럼 잃어버려도 찾아주는 사람이 있다. 나는 학원에 자주 두고 오는데, 선생님이 말씀해 주신다. 그리고 3단 우산 말고 긴 우산을 가지고 다니는 것이 좋다. 눈에 잘 보이기 때문에 우산을 잃어버리지 않을 수 있다. 단점이 있다면 이름은 개인 정보니까 위험할 수 있다는 거다. 그럴 땐 이니셜이나 별명을 쓰면 된다.

✓

정리정돈을 잘하는 법

| 너의 방법은? | 구체적인 예시는? | 효과는? | 단점과 해결법은? |

　정리정돈을 잘하려면 엄마한테 일단 정리하는 법을 배운다. 그리고 나서 안 쓰는 물건을 버린다. 그럼 한결 깨끗해진다. 내 방은 항상 지저분한데 한 달에 한 번 그렇게 정리하면 조금 나아진다. 어제도 정리를 해서 다시 깨끗해졌다. 단점이 있다면 하기 귀찮다는 것이다. 그럴 때는 엄마에게 애교를 떨면 가끔 해 주신다. 대신 '가끔'이라는 것을 잊지 말고 웬만하면 스스로 하자.

✓

결과가 좋지 않아도 다시 힘내는 법

| 너의 방법은? | 구체적인 예시는? | 효과는? | 단점과 해결법은? |

결과가 좋지 않을 때는 일단 엄마에게 말을 한다. 그럼 위로해 주신다. 내가 한국사 능력 시험을 보고 떨어진 적이 있다. 그때 엄마가 기회는 많으니까 걱정하지 말라고 했다. 그럼 용기가 다시 생긴다. 단점은, 가끔은 예상치 못하게 엄마가 혼을 내기도 한다는 거다. 그럼 내가 열심히 안 했다고 생각하면 된다. 그것이 사실일 때도 있다. 좋은 경험을 했다고 생각하자.

✓

96 긴장될 때 마음을 편하게 하는 법

| 너의 방법은? | 구체적인 예시는? | 효과는? | 단점과 해결법은? |

긴장될 때 마음을 편하게 하려면 심호흡을 한 번 한다. 그리고 머릿속으로 다른 생각을 한다. 며칠 전 축구 시합을 앞두고 긴장이 되어서 주말에 본 영화 생각을 했다. 영화의 웃긴 장면이 생각나서 웃다 보니, 긴장이 풀리면서 기분이 좋아지기까지 했다. 다만 그렇게 하면 옆의 친구가 이상하게 볼 수 있다. 그럼 시선을 피하면 된다.

√

97 칭찬을 들었을 때 겸손하게 반응하는 법

너의 방법은?   구체적인 예시는?   효과는?   단점과 해결법은?

　누가 나를 칭찬하면 마음속으로는 기뻐도 고개를 숙이고 겸손하게 있어야 한다. 약간 부끄러운 표정을 짓는 것이 핵심이다. 나는 선생님이 피아노를 잘 친다고 했을 때 그냥 웃으면서 감사하다고 인사했다. 수줍은 듯한 표정을 지었더니 선생님이 겸손하기까지 하다며 더 칭찬해 주셨다. 그럼 그 이후로 학원 생활이 편해진다. 물론 잘난 체를 참는 것이 쉽지는 않지만 내 인생을 위해 그 정도는 참을 수 있다.

✓

친구가 울 때 위로해 주는 법

| 너의 방법은? | 구체적인 예시는? | 효과는? | 단점과 해결법은? |

친구가 울고 있으면 우선 그 앞에 가만히 서 있는다. 옆에 내가 있다는 것을 알리고 그다음에 어깨를 두드려 준다. 아주 살살 가볍게 토닥이면서 '아이고'라는 말도 잊지 않아야 한다. 그래도 친구가 울음을 멈추지 않으면 차라리 앞에서 춤을 추어서 웃기는 것도 좋다. 물론 그렇게 했다가 친구가 나를 째려볼 수도 있으니, 눈치껏 잘해야 한다. 늘 눈치가 중요하다.

✓

집에서 공부에 집중하는 법

| 너의 방법은? | 구체적인 예시는? | 효과는? | 단점과 해결법은? |

집에서 공부에 집중하기 위해서는 책상 정리부터 해야 한다. 내 책상에는 온갖 물건이 있는데 그래서 집중이 안 된다. 지금 공부할 것만 남기고 다 치웠더니 좀 나아졌다. 그리고 휴대폰을 자꾸 보게 되니까 휴대폰은 꺼야 한다. 그럼 공부에 집중이 된다. 단점이 있다면 정리가 귀찮다는 것이다. 그럴 때는 식탁에 가서 공부하면 된다.

✓

글씨 예쁘게 쓰는 법

| 너의 방법은? | 구체적인 예시는? | 효과는? | 단점과 해결법은? |

글씨를 예쁘게 쓰려면 일단 손에 힘을 준다. 그리고 공책을 노려본 다음에 내 글자가 흔들리지 않게 또박또박 쓴다. 그리고 아주 천천히 쓴다. 엄마가 글씨를 제대로 쓰라고 하면 내가 하는 방법인데, 꽤 잘 쓴 것처럼 보인다. 단점은 글씨에 집중하다가 무엇을 쓰려고 했는지 잊어버릴 때가 있다는 거다. 그리고 눈도 손도 아프다. 그럴 때는 대강 쓰고, 왜 대강 쓸 수밖에 없었는지 설명을 한다.

✓

담백한 맛 50개를 잘 써 보았니?
이렇게 질문에 답하면서 써 보는 방법도 있지만
너의 경험을 바탕으로 자유롭고 길게 쓸 수도 있단다.
친구한테 나만의 비법을 말해 준다고 생각해 보면
할 말이 아주 많아질 거야.

 좋은 친구가 되려면?

　반 아이들한테 좋은 친구가 되어 주려면 일단 공감 능력이 남들보다 뛰어난 것이 좋다.

　나의 친구에게 힘든 일이 있거나 다른 아이 때문에 속상하다면, 난 친구의 마음을 잘 헤아려 주어야 한다. 친구가 슬플 때는 나도 슬퍼해 주어야 한다. 그리고 친구가 화가 났을 때는 괜찮은지, 이유가 무엇인지 묻고, 잘 대해 주어야 한다.

　친구에게 좋은 일이 있을 때는 같이 기뻐해 주어야 한다. 부러운 마음이 들더라도 그럴수록 같이 기뻐해 주면 좋다. 그러면 나한테 좋은 일이 생겼을 때 그 친구도 축하해 줄 것이다.

　친구는 많은 것이 좋다. 한 명만 좋아하는 것보다 여러 아이들과 다 같이 두루두루 노는 것이 좋다. 여럿이 놀 때도 친구들끼리는 잘 대해 주어야 한다.

왼쪽 친구의 글을 잘 읽어 보았니?

친구에게 실제 말해 주는 것처럼, 또는 편지처럼 편하게 쓸 수도 있어. 같은 주제로 너의 비법을 알려 줘도 좋고, 주제부터 자유롭게 정해서 써 보아도 좋아.

자, 좀 더 긴 글에도 도전해 보자!

담백한 맛의 짧은 글, 긴 글 모두 잘 써 보았니?

정말 대단해. 지금까지 쓴 글 마음에 드니?

쓰면서 나만의 비법도 정리하고

새로운 비법도 찾았을 것 같아.

그중 가장 마음에 드는 글,

친구들에게 소개하고 싶은 글 3편을 뽑아 제목을 써 보자!

내 맘대로 '나만의 비법' 쓰기

이번에는 스스로 주제를 정해서 써 볼까?

빈칸에 주제를 쓰고, 지금까지 한 것처럼
너의 방법, 구체적인 예시, 효과, 단점과 해결 방법을 써 봐.

너의 방법은?	구체적인 예시는?	효과는?	단점과 해결법은?
✓			

이번에는 질문을 주지 않을게.

빈칸에 주제를 쓰고, 쓰고 싶은 방향대로 마음껏 써 보자.

좋은 글은 마음에서 우러나는 글이거든.

쓰다 보면 글 쓰는 기쁨이 이런 거구나 하고 느끼게 될 거야.